W0370807

FÜR

VON

Der rote Faden
No. 8

ISBN 978-3-649-60878-3

Textsammlung von Inga Hagemann
Textsatz & grafische Gestaltung: Albert Bartel, echtwert.de/sign

Printed in Malaysia

www.coppenrath.de

FÜR

VON

Der rote Faden
No. 8

ISBN 978-3-649-60878-3

Textsammlung von Inga Hagemann
Textsatz & grafische Gestaltung: Albert Bartel, echtwert.de/sign

Printed in Malaysia

www.coppenrath.de

EIN KLEINES LICHT FÜR DUNKLE STUNDEN

Worte des Trostes

COPPENRATH

Ein guter, edler Mensch, der mit uns gelebt hat,
kann uns nicht genommen werden;
er lässt eine leuchtende Spur zurück
gleich jenen erloschenen Sternen,
deren Bild noch nach Jahrhunderten
die Erdenbewohner sehen.

Thomas Carlyle

Wenn ein geliebter Mensch von uns gegangen ist,
so bleibt er doch Bestandteil unsrer Welt,
nicht nur in der Erinnerung.
Wenn wir wollen, können wir ihn spüren,
jetzt und überall:
in jedem Sandkorn,
in jedem Windhauch,
in jedem Sonnenstrahl,
im Duft jeder Blume,
im Rauschen des Regens,
im Funkeln der Sterne.

Holger Aurin

Du bist ins Leere entschwunden,
aber im Blau des Himmels
hast du eine unfassbare Spur zurückgelassen,
im Wehen des Windes ein unsichtbares Bild.

Rabindranath Tagore

Da ist ein Land der Lebenden
und da ist ein Land der Toten.
Die Brücke zwischen ihnen ist die Liebe,
das einzig Bleibende, der einzige Sinn.

Thornton Wilder

Stirbt auch ein Mensch, den wir liebten,
so stirbt doch die Liebe nicht.
Sie wird noch stärker in uns und legt
sich wie ein Schorf auf die Wunde,
die uns der Schmerz gerissen hat.

Gerda Limberg

Wenn auch die Menschen sterblich sind,
die ich liebe, so ist doch das unsterblich,
was ich an ihnen vor allem liebe.

Franz von Sales

Was man tief in seinem Herzen besitzt,
das kann man nicht durch den Tod verlieren.

Johann Wolfgang von Goethe

Wenn man an jemanden ganz stark denkt, bleibt der Betreffende auf ganz wundervolle Weise am Leben.

Patrick White

Tot ist ein Mensch erst dann, wenn der Letzte,
der sich seiner erinnert, gestorben ist.

Udo Jürgens

Nur Liebe überbrückt die Kluft,
die zwischen Sein und Nichtsein droht,
dass, wie gepflückter Blumen Duft,
doch etwas überlebt den Tod.

Friedrich Martin von Bodenstedt

Ich fasse dich mit meinem Herzen
wie mit einer Hand.

Rainer Maria Rilke

Die Erinnerung ist das einzige Paradies,
aus dem wir nicht vertrieben werden können.

Jean Paul

Diejenigen, die gehen,
fühlen nicht den Schmerz des Abschieds.
Der Zurückbleibende leidet.

Henry Wadsworth Longfellow

Steht dir ein Schmerz bevor oder hat dich bereits
ergriffen, so bedenke, dass du ihn nicht vernichten
kannst, indem du dich von ihm abwendest!
Sieh ihm fest ins Auge!

Ernst von Feuchtersleben

Wenn uns ein Gegenstand der Liebe aus diesem
Leben entrückt ist, so empfindet das Herz oft eine
unermessliche Vereinsamung. Trostgründe sind
da unrecht angebracht, sie füllen die Leere nicht aus;
aber Liebe, die uns entgegenkommt,
verhüllt doch wenigstens den Abgrund.

Adalbert Stifter

Die richtige Art, um die Toten zu trauern, besteht darin,
für die Lebenden zu sorgen, die zu ihnen gehören.

Edmund Burke

Trösten heißt, das Gefühl des Schmerzes
in der Seele zu tilgen,
ohne jedoch seine Ursache beseitigen zu können.

Sully Prudhomme

Wenn ich traurig bin und spazieren gehe, so finde
ich Trost in der Macht und Wahrheit der Natur.

Jacob Grimm

Was im weinenden Auge mir oft die Tränen zurückhält,
ist ein spielendes Kind oder ein Vogel im Flug.

Justinus Kerner

Es ist schwer, einen geliebten Menschen zu verlieren,
aber es tut gut, zu wissen,
wie viele Menschen ihn geschätzt haben.

Anonym

Trösten ist eine Kunst des Herzens.
Sie besteht oft nur darin,
liebevoll zu schweigen und schweigend mitzuleiden.

Otto von Leixner

Den Kampf mit dem Schicksal können Freunde für und
mit uns kämpfen; Seelenkämpfe müssen wir allein ausringen.

Deutscher Sinnspruch

Wirklicher Schmerz trauert, wenn keiner es sieht.

Marcus Valerius Martial

Beim Tode eines geliebten Menschen
schöpfen wir eine Art Trost aus dem Glauben,
dass der Schmerz über unseren Verlust
sich nie vermindern wird.

Marie von Ebner-Eschenbach

Jedes Sprichwort, jedes Buch, jedes kleine Wörtchen,
das dir zu Hilfe und Trost bestimmt ist, wird auf
geraden oder verschlungenen Wegen zu dir gelangen.

Ralph Waldo Emerson

Nur in der Tiefe der Seele, mit Hilfe jener Kraft,
die stärker ist als alle Vernünftigkeit,
kann Trost und Ruhe gefunden werden.

Wilhelm Busch

Wenn ihr mich sucht,
sucht mich in euren Herzen.
Habe ich dort eine Bleibe gefunden,
lebe ich in euch weiter.

Rainer Maria Rilke

Ich bin nicht tot. Ich tausche nur die Räume.
Ich lebe in euch und geh durch eure Träume.

Michelangelo Buonarroti

Und meine Seele spannte weit ihre Flügel aus,
flog durch die stillen Lande, als flöge sie nach Haus.

Joseph von Eichendorff

Ich bin von euch gegangen,
nur für einen kurzen Augenblick
und gar nicht weit.
Wenn ihr dahin kommt,
wohin ich gegangen bin,
werdet ihr euch fragen,
warum ihr geweint habt.

Laotse

Wer im Gedächtnis seiner Lieben lebt,
ist nicht tot, der ist nur fern.
Tot ist nur, wer vergessen wird.

Immanuel Kant

Ich glaube, wenn der Tod unsere Augen schließt,
werden wir in einem Lichte stehen,
in welchem unser Sonnenlicht nur der Schatten ist.

Arthur Schopenhauer

Betrachtet mich nicht als gestorben, denn ich werde mit denen weiterleben, die ich auf Erden geliebt habe.

Anonym

Die Summe unseres Lebens
sind die Stunden, in denen wir liebten.

Wilhelm Busch

Die Zeit eines Menschen ist von Anfang an begrenzt. Wenn Gefühle und Liebe, Sorge und Aufrichtigkeit deren Inhalt waren, bleibt Unglaubliches zurück.

Anonym

Leuchtende Tage – nicht weinen, dass sie vorüber, sondern lächeln, dass sie gewesen.

Rabindranath Tagore

Niemand weiß, was der Tod ist, ob er nicht für
den Menschen das größte ist unter allen Gütern.
Sie fürchten ihn aber, als wüssten sie gewiss,
dass er das größte Übel ist.

Platon

Das Leben ist nur ein Moment, der Tod ist auch nur einer.

Friedrich von Schiller

Der Tod ist kein Abschnitt des Daseins, sondern nur
ein Zwischenereignis, ein Übergang aus einer Form des
endlichen Wesens in eine andere.

Wilhelm von Humboldt

Im Abschied ist die Geburt der Erinnerung.

Salvador Dalí

Ihr, die ihr mich so geliebt habt,
seht nicht auf das Leben, das ich vollendet habe,
sondern auf das, welches ich beginne.

Aurelius Augustinus

Das Leben besteht aus Leid und Not,
der Tod – aus Frieden und Freude.

Chinesisches Sprichwort

Ich sterbe nicht, ich trete ins Leben ein.

Theresia von Lisieux

Das Leben ist eine Reise, die heimwärts führt.

Herman Melville

Trennung ist wohl Tod zu nennen,
denn wer weiß, wohin wir gehen;
Tod ist nur ein kurzes Trennen
auf ein baldig' Wiedersehen.

Joseph von Eichendorff

Der Tod ist nur die uns zugewandte Seite eines Ganzen, dessen andere Seite Auferstehung heißt.

Romano Guardini

Denn vor und nach dem irdischen Leben
gibt es kein irdisches, aber doch ein Leben.

Jean Paul

Der Tod beendet nicht alles.

Properz

Das schönste Denkmal, das ein Mensch bekommen kann,
steht in den Herzen der Mitmenschen.

Albert Schweitzer

Und irgendwo sind immer Spuren deines Lebens,
Gedanken, Bilder, Augenblicke, Gefühle.
Sie werden uns immer an dich erinnern und
dich dadurch nie vergessen lassen.

Anonym

Viele Menschen treten in dein Leben, aber nur
wenige hinterlassen Spuren in deinem Herzen.

Lebensweisheit

Man verliert immer das, was man am meisten schätzt.

Vita Sackville-West

Was bleibt:
unsere Liebe, unsere Sehnsucht,
endlose Traurigkeit, unvergessliche Jahre,
kostbare Erinnerungen.

Anonym

Drei Dinge überleben den Tod.
Es sind Mut, Erinnerung und Liebe.

Anne Morrow Lindbergh

Wenn durch einen Menschen
ein wenig mehr Liebe und Güte,
ein wenig mehr Licht und Wahrheit in der Welt war,
dann hat sein Leben einen Sinn gehabt.

Alfred Delp

Was bleibt:
unsere Liebe, unsere Sehnsucht,
endlose Traurigkeit, unvergessliche Jahre,
kostbare Erinnerungen.

Anonym

Drei Dinge überleben den Tod.
Es sind Mut, Erinnerung und Liebe.

Anne Morrow Lindbergh

Wenn durch einen Menschen
ein wenig mehr Liebe und Güte,
ein wenig mehr Licht und Wahrheit in der Welt war,
dann hat sein Leben einen Sinn gehabt.

Alfred Delp